Jean Paul Leon Yodh

DOS MODELOS SIN PINTOR

Albert editor

Jean Paul Leon Yodh

DOS MODELOS SIN PINTOR

texto
Jean Paul Leon Yodh

cuidado editorial
Albert editor (www.albert-editor.com)

depósito legal
M-24641-2025

ISBN
979-13-990260-4-7

impresión
imprimelibros.com

DOS MODELOS SIN PINTOR

Tres actos y un estrambote

ACTO I
EVANGELINA

1 de Agosto.

Terraza de pleno verano madrileño. Velador con 6 sillas de exterior. Una mujer de unos 45 años –Fe– armada de dos muletas, se acerca con dificultad una silla, saludando desde lejos a los de las mesas cercanas. Con parsimonia, elige una de las seis y se sienta, rebufando por el calor y por su torpeza al aturullarse con sus dos nuevos puntos de apoyo.

CAMARERA:

Hombre, Fe, tú por aquí, te echaba de menos. Supimos lo de vuestro accidente. Cuánto lo siento. Pero, bueno, afortunadamente, aquí estás. Lo podéis contar.

FE:

Pues sí.

CAMARERA:

¿Lo de siempre?

FE:

Gracias, Laura. Para mí sí, luego los demás ya
irán pidiendo.

*Su teléfono portátil suena. La modelo responde se-
gún se atusa su pelo azul y airea su vestimenta es-
trafalaria.*

FE:

(al teléfono)

Dime (…) Vale, vale. No hay problema (…)
No, de verdad, no pasa nada (…) No creas que
me pillas de sorpresa (…) Sí, bueno, en un principio tenía una lista de esas kilométricas (…)
No, cien no, los más íntimos, ya sabes, 12.
Como Cristo. Pero ahora resulta que me voy a
quedar solateras en Madrid. No sé cómo se le
pudo ocurrir a mi madre, la pobre, ponerse a pa-
rir el 1 de agosto, con estos calores, cada vez

más insoportables: pero como el cambio climá-
tico "no existe"...

(abanicándose)

Qué demonios, entre pitos y flautas, con todo el
mundo fuera y otras mil excusas del *busy-bra-
gging* ese que tan mal me sienta, sólo ha confir-
mado uno; y sabiendo quién es, lo mismo me
tocan mis 45 años de paz aquí sola. Pero así es
esto, hija.

¿No te parece? (...) Tú tranquila. Dales un beso
a las niñas y que se mejoren cuanto antes (...)
Venga, suerte. Porque anda que tú, tener hijas,
¡y a pares! a los 18 años.

Vaya tino el tuyo también (...) Te llamo luego
que ya me traen mi cañita estos saduceos gene-
rosos (…) Que no, que no. Besos, besos. Ciao.

*La camarera planta la caña y un platito de cacahue-
tes en el velador según Fe guarda el teléfono.*

FE:

(a la camarera)

Muchas gracias, generosa. Si quieres, puedes quitar tres de estas sillas, que me están dejando todos colgada.

(al aire)

Cerveza sin alcohol y jamón de mono para celebrar mis 45 tacos. Vaya cumpleaños feliz.

CAMARERA:

¡Hombre, felicidades! Ahí sí que me has pillao.

Ahora te traigo algo más lucido para celebrar.

La camarera parte mientras Fe se vuelve a repasar su colorido atuendo, sus pulseras y su reciente corte de pelo.

Una mujer alta, delgada, con paso de modelo, ataviada con camiseta desgalichada que exhibe el texto, "Arte… siempre. Artificioso… nunca jamás", llega y, con gran soltura, se sienta inesperadamente frente a Fe, quien reacciona altamente sorprendida.

FE:

¡Evangelina! ¿Pero qué haces tú aquí? ¿No estabas por los New Yores?

EVAN:

A estas alturas de mi vida, Fe, tú eres la única que todavía me llama de esa guisa.

FE:

¡Pero de qué te quejas, Evan; es tu nombre, ¿no?!

EVAN:

Te ponía yo a ti a deletrear veinte veces al día, Evangelina de los Ángeles Rodríguez-Hidalgo y Madrigal de las Altas Torres.

FE;

Anda, pues tan a honra que lo tendrías que tener, siendo de tan alta alcurnia, llevar tu nombre por todo lo alto en las Américas 'del Norte', mi Evangelina de los Ángeles.

EVAN:

A ver si a estas alturas te vas a poner tú a defender el paletismo nacional, con complejo de inferioridad ibérica invertido, desde que hicimos aguas en la batalla de Trafalgar y los ingleses

nos dieron por… ahí mismo. Un poco de cin-
tura, apertura y adaptabilidad, por favor, que si
no te apeo del Fe y volvemos al María de la Fé,
con acento en la e.

Brazos en el aire, Fe esboza una flamencada.

FE:

Tú misma, Miss Evan.

EVAN:

Tú sí que eres la misma, Mari Fe de Triana; sin
variar ni un pelo tu rutina. Aunque ahora estés
de azul, sigues celebrando tu cumpleaños en
pleno agosto en la Plaza de Guardias, frente al
Conde Duque, como si estuvieses en el patio de
tu casa.

FE:

Ven aquí, perdularia. Deja que te dé un beso. O
dos. Uno para la Evan neoyorkina y otro para la
mítica Evangelina.

*Evan se levanta. Se besan y abrazan efusivamente
las dos.*

FE:

Lo último que supe de ti es que andabas por Trumpilandia.

EVAN:

Andaba, anduve y al final andé. Mogollón de tiempo, como bien lo sabes. Pero ahora, con este tipo, se acabó de joder el invento. Me he vuelto a un país civilizado, con Seguridad Social para todos.

FE:

Ole mi niña.

EVAN:

Y aquí estoy. Punto. Sin trabajo pero lejos de la tan mal llamada democracia de plástico esa, tintada ya, a todas luces, de dictadura. Dictadura. Democracia.

Qué Dislate. Vaya tres Des.

FE:

El mismo desastre en 3D. Anda que autodenominarse ese híbrido "la cuna de la democracia".

Tendrán cara. Desde cuándo pueden haberse arrogado esos tipos semejante invento Griego.

EVAN:

Aunque, si lo analizas bien, en realidad lo de Grecia fue una plutocracia.

FE:

¿Puto-cracia has dicho? Pues también se ajusta, porque USA es ahora más bien una gerontocracia de viejos jetas y puteros.

EVAN:

Totalmente. Si es que ya cumple ochenta tacos el payaso ese… el candidato número uno a "Nobel de la Paz", condenado por violación y 34 delitos graves y acusado de 20 mil felonías más, incluida la insurrección, nada menos.

FE:

Sea lo que sea, agradecida que estés de vuelta. Entera. Vivita y coleando. Jo, vaya sorpresón, tía. No llamas. No te dejas ver en siglos y aquí vienes con el arsenal cargado, a punto de

explotar. ¿Qué, venías a verme o te estás que-
dando en casa de tus padres y te has topado conmigo por casualidad?

Evidentemente dolida, Angelina encaja el golpe en
la mandíbula y reclina su largo cuerpo en la silla.

EVAN:

Qué poco me conoces. O qué poco te acuerdas
de mí. ¿Hace falta que te recuerde en breve
quién soy?

Igualmente afectada, Fe se resiente pero decide
morderse los labios y no entrar al trapo.

EVAN:
(continúa)

A base de golpes, la vida me hizo artista. La uni-
versidad, con sus cuadrículas, licenciada en Derecho. Y afortunadamente, mis padres se que-
daron con la frustración de no haber hecho de
mí la consabida ama de casa, niñera impoluta y
pareja imperfecta. Pero olvidadiza, ahí sí que

no, maja. *Never ever.* Eso nunca jamás. Como proclama aquí mi camiseta.

Evangelina estira su cochambrosa camiseta blanca con letras negras, saca de una bolsa una tartelette de frutas en la que planta dos velas y mira a Fe con intensidad.

EVAN:
(continúa)
Pero si te pones así, te canto el *happy birthday to you* y me piro, eh.

FE:
Venga, perdóname, no te pongas picajosa. Muchas gracias.

EVAN:
Las dos velas son simbólicas, una por ti y otra por mí. Según vaya llegando el personal, iremos encendiendo. Los demás que traigan las suyas. Que cada cual encienda su vela. Como cuando éramos pequeñas.

FE:

Y no tan pequeñas, que ya teníamos el *pubis pronobis* lleno de pelos la última vez que las encendimos de esta misma guisa.

Las dos viejas amigas se echan a reír. La camarera también, mientras se acerca y deposita en la mesa un platillo con jamón serrano.

CAMARERA:

Espero que hayan afeitado a la cerdita antes de convertirla en este manjar.

EVAN:

Jósus. Hace que no veía yo un aperitivo como este desde...

CAMARERA:

(a Evan)

¿Y a ti qué te pongo, guapa?

EVAN:

Pues algo que vaya a estas horas con la cerdita... ¿Una cervecita? Venga, eso mismo.

CAMARERA:

¿También sin alcohol?

EVAN:

No, a mí no me hagas esas faenas.

Empiezan a comer. Evan mira la silla vacía y pregunta:

EVAN:

(pregunta a Fe)

¿Hay que compartir con alguien? ¿Viene él? Porque si eso, habrá que abrillantar la silla antes de que llegue tan ilustre personaje a plantar aquí sus conflictivas posaderas.

FE:

¿Él? Él es siempre una incógnita. Y ahora, con la que le está cayendo encima al pobre, todavía más.

EVAN:

Me enteré de lo de vuestro accidente por terceros. Tarde y mal. Cuánto lo siento. De verdad. ¿Y tú de lo tuyo, cómo estás?

FE:

Pues ya me ves. Fatal. Hecha polvo.

(decaída)

Lo que más me jode es que fue culpa mía, ¿sabes? Era de noche cerrada, con una niebla espesa y fui tan estúpida que en lugar de reducir a tiempo, me empotré como una idiota contra la parte de atrás del camión sin luces traseras.

La modelo da un golpe enérgico con una de las muletas en el suelo.

FE:

(continúa)

Lo que me queda de vida, sentada en una silla de ruedas, se me hace muy cuesta arriba, como tú comprenderás.

EVAN:

¿Y él?

FE:

Qué quieres que te diga…

EVAN:

Conociéndole, ese, ni muerto deja de pintar, ¿no?

Fe apoya el codo en el brazo de la silla y, llevándose la mano a la frente, resopla.

FE:

Pffffff.

Intencionadamente, Evan cambia de tema. Fe respira más suelta y esboza una sonrisa leve al oír la pregunta.

EVAN:

Siempre me intrigó, pero al final, nunca te lo pregunté, ¿cómo demonios os conocisteis vosotros?

FE:

Uy, eso fue de película. De la de aquellos tiempos post Berlanga… Con los cuatro cuartos que le quedaban en el bolsillo en ese momento, él puso un anuncio en *El País* que venía a decir:

"Busco modelo joven, carnosa y temperamental…"

Nunca se me olvidará. "En cuanto venda un puto cuadro, te paso la mitad. Y si no, te lo regalo, para que lo quemes en este invierno perruno, largo y seco de Madrid".

EVAN:

¿En serio? No me lo puedo creer. Y contestaste tú, claro. Eras una niña, de teta.

FE:

Casi. 19. Recién cumplidos. Sin decirle ni pío a nadie, ni siquiera a vosotras, me atreví, respondí y allá que fui.

EVAN:

Seguro que lo que te hizo tilín fue la aventura de posar desnuda en plan musa de Montparnasse.

FE:

Pues no. Lo que me atrajo, lo que me motivó realmente, fue el título de la colección que estaba preparando él en ese momento: "Mujeres en la cruz".

EVAN:

Con razón. Recuerdo esa exposición. Impactante. Como si fuera hoy.

"Mujeres en la cruz". 24 cuadros. De esos que ya hoy día figuran en los museos…

Si cierro los ojos, la pieza que a mí todavía me sigue impactando más es la que se titulaba "Tras la paliza"... Esa y la de "La Bulimia", agh… tema que me es harto conocido. Esos dos cuadros, en particular, son desgarradores. El pavo es increíble… con esa capacidad que tiene para poner el dedo en la llaga de una forma tan estética, tan personal e intransferible.

FE:

Sí. Es una cualidad expresiva muy suya, muy peculiar.

EVAN:

Esos dos cuadros, "La paliza" y "La bulimia",

los dos, son devastadores; yo diría, descendientes directos del expresionismo descarnado de un Chaim Soutine, con esas pinceladas inquietantes y esos ritmos convulsivos... Y sin embargo, aquí el amigo nuestro logra conquistar lo tumultuoso del contenido físico-psicopatológico inevitable en la temática del abuso y termina por crear belleza. Te digo que tu chico es mágico.

FE:

Ahora figurarán en museos, pero esos lienzos los pintó en la miseria, en pleno invierno. Yo pasé un frío que ni te cuento. El cuadro de Boko Haram y el de las chicas Weinstein —que no eran las mismas que las niñas del Epstein— me acuerdo que con esas dos piezas casi cojo un pasmo. Lógico por otra parte. Las pintaba de noche y sin calefacción. Así era su glorioso estudio de Ventas.

EVAN:

Tú que estabas allí…

FE:

(aspira con los dientes prietos)

Pff… Pasando frío.

EVAN:

¿Qué piensas tú que esa colección de "Mujeres en la cruz" le supuso, no digo a los demás, a él en particular?

FE:

Si es que viene, ¿por qué no se lo preguntas tú directamente a él?

EVAN:

Vale, se lo preguntaré, pero dame tú tu opinión como colega, de modelo a modelo, que me interesa. Porque posar para un tema como ese, tiene tela.

FE:

Yo diría que le supuso entrar aún más de lleno en el mundo que más admira. El femenino. En una entrevista que le hicieron cuando aquella expo, vino a decir algo así como que *los machotes, homosexuales o heterosexuales, le daban pavor. Y sin embargo las mujeres, en una gran mayoría, desnudas o no, le daban vida. Y ganas de vivir.*

EVAN:

¿Mantiene todavía su famoso estudio por Ventas?

FE:

Sí, por tenerlo, lo sigue teniendo.

CAMARERA:

¿Os pongo algo más, chicas?

EVAN:

(a la camarera)

Sí, gracias, una tapita más de cerdita depilada y yo casi mejor me cambio al vino blanco. Para mí un Rueda, por favor.

FE:

(a la camarera)

Ya que estamos, que sean dos, que un día es un día.

(a Evan)

¿Y tú cómo estás? ¿Tienes galería aquí ya? ¿Te lleva alguien?

EVAN:

Qué va. Aquí, como en todos los sitios, el asunto va a base de amiguismo y yo estoy totalmente desconectada desde hace tiempo. No he guardado contacto ni amistad con nadie en todos estos años. Me tienen aparcada, ignorada, ninguneada y yo, honestamente, ando con ganas-cero de volver al redil. Yo estoy pintando y me importa tres pitos exponer mis vergüenzas para que una burguesía ignorantona se permita el mal gusto de colgar mis escuálidos cuatro huesos en sus aseadas paredes blanquecinas. Los progres, mucho chau-chau, pero no compran un carajo.

Con las cartas todas repartidas, qué leche, a mí me va a tocar ser uno de esos pintores que muerden el polvo y se los traga la nada.

FE:

No digas eso, tía, que tú tuviste los reaños de dejar de modelar y ponerte a pintar tú por derecho propio.

EVAN:

Pues sí, te lo digo. Y como profesional, te puedo añadir que esas cosas se huelen. Duelen. Se ven venir. Estos cabrones a mí me tienen enterrada en vía muerta. Para ellos no existo. Pero no hablemos más de mí, que ya le huele. Sin embargo, aunque parezca un milagro, a él, el desaparecido en acción, ya es tanto el cúmulo y la calidad de la obra que ha sido capaz de poner de pie, que no le pueden obviar. Te puedo asegurar que la historia estará tomando buena nota de lo que te digo. Que haya estado él con la Galería Barbara Walter, Castelli, Vorpal, hasta le Musée du Louvre… Todo eso puede quedarse en la nada. Caduca. Nimia. Temporal. La clave de este oficio no es obra-obra-obra. Es calidad-

contenido. Y de ese bagaje, tu prodigio pintu-
rero, no se puede quejar. Van Gogh pintó en
ocho años sus ochocientos cuadros. Y de Modigliani, prefiero no hablar. El resto es caca de la
vaca. Picasso no era mejor artista de lo que eran
Vincent y Amedeo, pero se ve que se chupó
toda la suerte que les faltó a los otros dos.

FE:

Tú no te hundas, Evan. La historia es muy trai-
cionera y está, como todo, extremadamente ter-
giversada. Que sigamos propagando el mito de
que Van Gogh se suicidó, ¡manda narices!

EVAN:

Pero si está más que investigado y sustanciado
como fue, que se le escapó el tiro a uno de los
dos niñatos que andaban siempre por ahí, de
gamberreo, el tal René Secrétan ese, futuro ban-
quero, por cierto, al que Vincent no acusa, sino
que encima protege y guarda un silencio que
aún perdura. Que según se desangraba, sus

últimas palabras fueran: "Así será mejor para todos", te dice mucho.

FE:

Qué atropello.

EVAN:

A mí nunca me cuadró la historia del suicidio. Tú no te preguntas: ¿Tú crees que un pintor pobre, sin un duro, tenía con qué comprarse una pistola, encima para pegarse un tiro aquí, entre las dos costillas, en lugar de como haría cualquier suicida, en la sien o en la boca? ¡Vamos no fastidies!

FE:

Pues sí. Por lo menos en el caso de Modigliani, se sabe que murió en el hospital, aunque muerto de asco y de hambre. Afortunadamente, Amedeo tuvo la suerte de vivir arropado por el poquísimo dinero que le mandaba su madre desde Livorno, por su compañero de estudio, el intensísimo Chaim Soutine, y por su amigo, Moshe

Kisling, que se rascó hasta el último céntimo
que le quedaba en el bolsillo para pagarle el en-
tierro en Père-Lachaise.

EVAN:

Ahí sigue, enterrado, junto a su mujer. Su fiel
modelo y compañera, Jeanne Hébuterne. ¡Esa sí
que se suicidó, embarazada de su segundo hijo!
Sólo dos días después de morir Modigliani de
meningitis.

FE:

Visité su tumba. Ni una flor. Estaban todas
amontonadas donde la Piaf.

EVAN:

Sabes que en un principio, ella fue enterrada en
las afueras porque sus padres se negaban a jun-
tarlos. Les tomó diez años, hasta que cedieron
ante la presión de la familia de Amedeo para
traerla con él al ombligo de París —ya convertido Modi para entonces por los buitres en el
gran 'Modigliani'... uno de los cuatro gran-

diosos, que acaba de subastar Christie's en París su "Busto de Elvira" por 27 kilos.

FE:

Esto se ha convertido en una carnicería. Aun así, para mí, honestamente, el Modi fue el último pintor clásico de estos tiempos modernos. Chaplinescos. Pero bueno, que no todas las historias de modelo y pintor son tan trágicas.

EVAN:

Pues no. Afortunadamente.

FE:

Mira Chagall y su amadísima. Man Ray y Kiki de Montparnasse. Fíjate que yo nunca me entero de estas historias, pero hace un par de años leí que Christie's subastó su maravillosa foto, El violín de Ingres, por 12 millones de pavos. Lo recuerdo porque se convirtió en la foto más cara de la historia, que la compró un fulano para donársela al Metropolitan.

EVAN:

Y aquí estás tú, tan lozana, sin cobrarle al ín-
clito, ni un duro por posar todos estos años. Eso
sí, quedarás inmortalizada para la eternidad
como la Kiki, que posó, no sólo para su amante,
sino también para Francis Picabia, Soutine,
Calder… Pero claro, como tú no fuiste hija de
padres solteros y a ti no te crio tu abuela en la
pobreza, no se te ocurrió que podías…

FE:

Pero qué dices, si yo fui una chica de clase media, no una ricachona como tú que siempre mo-
delaste de gratis para tus colegas. Yo nunca le
cobré a él, pero desde entonces, como modelo
profesional, me he ganado la vida. De ropa interior a vestidos de novia, lo he hecho todo.
Hasta manos y pies para zapatos y joyería.

EVAN:

Estaba de coña. Ya sé que seguiste modelando,
sin salir de España.

FE:

Sí, sin salir del pueblo. Yo soy una paleta, como tú dices, de las que no salen ni de su barrio. Menos los cuatro años que le acompañé en París preparando *Á l'abri de la lumière*, y unos meses en Italia, aquí me tienes. Sentadita se quedó.

EVAN:

Venga, ponte de pie ya, que te llevo mañana mismo a Nueva York a ver la exposición de Man Ray: *When objects dream*, en el Met, que está hasta el mes que viene. Y verás la famosa foto de los 12 kilos.

FE:

Con mis dos muletas, corriendo voy a ir yo. ¿No decías que habías salido a patadas tú de allí, para no volver?

EVAN:

Eso te muestra lo generosa que soy. Yo ya he visto la exposición. Volvería a yanquilandia solamente por ti.

FE:

Nada, suelto estos trastos y salgo volando.

EVAN:

Venga, subimos a casa, te invito a cenar, para celebrar nuestro reencuentro en la onomástica de tus fantásticas 45 castañas. Hoy, día de la Fe.

Fe intenta levantarse.

EVAN:

Espera, que te ayudo… ¿Oye, a ti no te extraña que no se haya presentado el doncel de Sigüenza por estos lares?

FE:

No. Para nada.

EVAN:

Pues a mí sí. Luego le llamo. Que ponga los pinceles en remojo y que se venga. El consagrado está también invitado a cenar en mi humilde posada. Y si no quiere salir de su guarida, cenamos nosotras —que ya va haciendo hambre— y que se venga al postre. ¿Lista? Subimos.

FE:

   ¿Hasta el segundo piso voy a llegar yo?

EVAN:

   Pero qué dices, tía. Con la gorra. Ahora tenemos un ascensor bien chulo que llega hasta el
   cuarto. Vamos, no me dejes subir sola, que el
   día menos pensado, reacciono como la mujer de
   Modigliani, voy y me tiro por la ventana.

*Es ahora Fe quien anima a su amiga según se ale-
jan de la terraza hacia un portal adyacente.*

FE:

   No jodas, colega. Ya te dije que pensases en
   historias de amor con final feliz. Me estaba
   acordando ahora de Georgette, la mujer de Ma-
   gritte, que le sobrevivió 20 años después de morir él de cáncer de páncreas.

EVAN:

   Ya sé cómo dices. Que yo no soy Frida Kahlo y
   tú ninguna Sara Bernhard.

FE:

Venga, cortemos el rollo. Y a celebrar que son dos días.

FIN del PRIMER ACTO

ACTO II
Artemisa

Evan reposa los platos usados en una base supletoria según Fe, aún sentada a la mesa de comer, los va acumulando uno encima de otro.

FE:

Te ayudo a fregar…

EVAN:

Mejor lo dejamos todo apilado ahí para mañana, cuando ya no sea tu cumpleaños, y hoy nos seguimos poniendo al día, ¿te parece? Anda, cuéntame del eterno ausente, ¿en qué estaba antes del accidente?

FE:

Pues mira, ¿quieres ver la maqueta del libro de su última colección? La traigo aquí en el bolso.

EVAN:

Saca. Dispara.

FE:

Es un catálogo para la exposición de O_Lumen,
en Claudio Coello, 141, no sé si conoces, cerca
del Museo Sorolla, a dos pasos del Lázaro Gal-
diano. Es una antigua iglesia de los Dominicos
convertida en sala de exposición. Preciosa. Más
de cincuenta cuadros. *"El místico color de las
tinieblas"*...

EVAN:

Hmm…

FE:

*"Del arañazo ciego en la obscuridad, al punti-
llismo onírico, lumínico, multicolor".* Es un
acercamiento a la luz y la espiritualidad, a través del color tintineante, o de la falta del
mismo, y cómo ambos llegan a trascender las
tinieblas.

EVAN:

Ya.

FE:

Días antes del accidente, acababa de terminar el Puntillismo Onírico, estilo que estaba ya latente desde sus más remotos inicios, cuando escribía eso de: *Quand je dessine, je rêve et quand je rêve, je dessine.*

Evan reflexiona sobre lo que oye, lo traduce en voz alta y se abalanza sobre la maqueta que va y vuelve entre las dos durante la conversación.

EVAN:

Cuando dibujo sueño. Cuando sueño dibujo. Eso suena bien traído. Dame, dame. Déjame verlo (...) ¡Qué maravilla! Cuánto me mola… la búsqueda de la espiritualidad a través del color. No tiene nada que ver, pero el primero que me viene al magín, curiosamente, es Mark Rothko. Estilos muy diferentes, evidentemente, pero el trasfondo espiritual que emite esta pintura es concomitante.

FE:

Estoy de acuerdo.

EVAN:

Léeme tú el texto en voz alta, porfa. Que si lo leo yo sola, con el volcán de emociones que me está asaltando viendo las obras, yo, siendo como soy,

(resopla)

me aturullo.

FE:

(leyendo)

«Reminiscente de la maestría de un Seurat, su puntillismo onírico atraviesa por el movimiento veloz del arte futurista con 'la habilidad magistral para expresar la moción de las formas' de un Boccioni.»

EVAN:

Uff. Esas son palabras mayores. Umberto Boccioni, con su manifiesto "Formas Únicas de Continuidad en el Espacio", pilar del concepto futurista del dinamismo. Es totalmente cabal la descripción. Muy bien visto por quien haya escrito ese texto. Déjame ver esas fotos de nuevo, anda.

FE:

Cógelo.

EVAN:

(mientras ojea la maqueta)

Es maravillosa la manera en que plasma el movimiento, fusionándolo con las formas que va creando, en este caso él, a base de puntos, en lugar de líneas.

Cómo yuxtapone los colores y los concatena para que fluyan y crean un todo totalmente ensoñador, embriagador. El tío crea su propio cosmos y te transporta, si tú te dejas, a una especie de introspección consciente, gozosa. Y es que, aunque lo logre a través de la materia, te conduce con su inercia a otro espacio mental, fuera de este mundo mundano, hortera, material.

FE:

Suenas a lo que dejó ya por escrito Madame Boubli: «Esta es una obra propicia a la meditación, e incluso al rezo».

EVAN:

Eso es. Exactamente. Pero sigue, sígueme tú leyendo en voz alta, porfa.

FE:

(lee)

«El todo en estas pinturas evidencia de nuevo ese lirismo tan presente siempre en su obra —tanto pictórica como literaria— que busca y encuentra, como Rothko…»

EVAN:

¿Lo ves, como tenía yo razón? Lo que te decía, estas cosas se huelen.

FE:

(vuelve a la lectura)

«… busca y encuentra —como Rothko— la espiritualidad en el color… dejando que los puntos corran, hablen por sí solos, se expresen, vue-
len y —oníricamente creando formas sin limi-
taciones ni barreras— den pie a esa poemática
que al fin y al cabo define su particularmente
acrisolado y rico universo.»

EVAN:

Estos críticos son la repera. Cuando se enrollan
no hay quien les aguante, pero cuando dan en el
bebe, dan. Dan en el alma. Es lo que te decía
antes de la concomitancia, esa invitación que
nos hacen ambos a todos —a críticos, modelos
y amantes del arte en general— a sumergirnos
en el color y la forma hasta alcanzar un estado
contemplativo, relajado, relajante. Es un acercamiento plástico muy diferente, pero el arte de
ambos refleja su búsqueda, su exploración del
alma humana, de la *raison d'être* al fin y al cabo.

Qué tíos. Qué arte. Eso sí que es trascender los
confines del mundo físico y conectar con los
reinos infinitos de lo espiritual.

FE:

Venga Evan, escribe todo eso que estás di-
ciendo. Te ha salido del alma. Todavía hay
tiempo de incorporarlo. Te lo decía antes, esto
es sólo una maqueta.

EVAN:

Se podría escribir sobre tantas cosas que les
une. La búsqueda espiritual de Rothko que le
llevó a explorar diversas filosofías, fuera del ju-
daísmo, que era la suya, para meterse a fondo
en el budismo zen. Yo sé que trabajó mucho el
concepto de "mu", la liberación del pensa-
miento y del ego, el vacío, que refleja él en la
simplicidad y pureza de sus óleos.

FE:

Me encantó el libro que me mandaste desde
Washington de su obra en papel.

EVAN:

Calla, que para esa exposición en el National Gallery, acotaron una habitación expresamente para meditar, con un cartel de 'Silencio', una luz muy tenue y una gran pintura en cada una de las cuatro paredes. Era como si entrases en una capilla. Te adentrabas en un espacio pictórico para liberarte de las distracciones mundanas y conectar con tu esencia espiritual más profunda, que era lo que él proponía.

FE:

¿Tú crees que ese viaje en el vacío de Rothko pudo haber sido, últimamente, lo que le condujo a suicidarse?

EVAN:
(soplando)

Pffff. ¿Quién sabe? Enfermo del hígado y con un aneurisma aórtico que te impide pintar…

FE:

Supongo que el siguiente paso se te aclara un

montón, ¿no? Mejor hablemos del color, que la sangre del suicida ya se explica por sí sola.

EVAN:

Pues sí. No era arbitraria su selección de color. Estaba siempre meticulosamente orquestada para crear una atmósfera de reverencia y asombro. Está muy claro. Estos dos fenómenos, a través de su obra, incitan a la reflexión sobre verdades que trascienden las modas, los comercialismos, las fronteras culturales y hasta las religiosas.

FE:

Tenía que haberte grabado porque te conozco y sé que no vas a sentarte a escribirlo para el catálogo.

EVAN:

Eso está por ver, que yo soy muy mía. Anda, sigue leyéndome.

FE:

(leyendo)

«Sus composiciones, creadas en un estado meditativo, de automatismo y ensoñación, exponen tal fluidez y dinamismo que parecen una sinfonía de colores compuesta al vuelo por Kandinsky.»

EVAN:

Evidente conexión, querido Watson. Wasily siempre fue su pintor favorito. Hemos tenido largas conversaciones sobre Kandinsky. Te acordarás cómo te tomaba el pelo yo diciéndote que te iba a pasar igual que a la Münter, por no llegar a casarte con él.

Las amigas se dan de mano y ríen.

FE:

Pues yo sí me casé.

EVAN:

Y mira lo que está durando…

FE:

Cuéntame un poco de lo que discutíais sobre Kandinsky, porque tú ya sabes que cuando os daba el amanecer repasando la historia del arte, yo ya me quedaba dormida a la altura de Cézanne en mi 'lecho de tortura' de modelar, dormir y callar.

EVAN:

Sobre lo espiritual en el arte, te lo regalé yo para tu cumple, ¿no?

FE:

La "necesidad interior" de expresión como aspecto central de su pintura. Lo leí de un tirón. Era un monstruo 'multi-culti' el Wassily. Las lenguas que hablaba, pfff. Y encima abogado y economista antes de dedicarse al arte.

EVAN:

Después de su período de *El Jinete Azul*, del 11 al 14, fue Kandinsky fundamentalmente, quien definió la abstracción pura del arte, analizando los efectos espirituales y psicológicos del color, de la línea y la forma para expresar emociones internas, en lugar de representar la realidad externa. Lo mismo que está haciendo el tuyo con su puntillismo onírico. No se enrolla con la línea sino que va al punto, que es lo suyo.

FE:

Son mundos paralelos.

EVAN:

A Kandinsky le influenció mucho la Teosofía, la creación entendida como progresión geométrica, empezando por un solo punto.

FE:

Sí señora, ahí estamos. En el punto. Yo me había hecho a la idea de que sus "Composiciones", eran más el producto de la música, que de la Teosofía. Decían que Kandinsky tenía el regalo de la sinestesia, que veía colores cuando escuchaba música, y que escuchaba música cuando pintaba.

EVAN:

La teosofía era la esencia. La música, su vehículo. Espera que te busco una cita suya, preciosa, sobre el tema de la música y el arte…

Evan alcanza su teléfono para buscar la cita. Fe se adelanta y, de memoria, recita…

FE:

«El color es el teclado, los ojos son la armonía, el alma es el piano de muchas cuerdas. El artista es la mano que toca, tocando una u otra tecla, para provocar vibraciones en el alma.»

EVAN:

¡Jó, qué tía, te la sabes de memoria!

FE:

La tiene tu amigo escrita en uno de sus lienzos.

EVAN:

(riéndose)

Así ya se puede.

FE:

En el estudio tiene que tener música en todo momento.

(con las manos al aire imitando el vuelo)

Músicas.

EVAN:

Mi amigo hace realidad lo que escribió Nietzsche, 'sin música, la vida sería un error'.

FE:

«Y aquellos que fueron vistos bailando fueron considerados locos por aquellos que no podían escuchar la música.»

EVAN:

Por favor, dime que lo tiene citado en otro lienzo…

FE:

Pues sí.

Las dos ríen.

EVAN:

Hablando del rey de Roma, este por la puerta no asoma ni de coña.

(con coña)

Porque no andará por ahí con una nueva modelo, ¿no?

FE:

Sí, claro, con la pelirroja, una de las cuarenta con las que le llevan asociando media vida. Llámalas musas, amantes, modelos…

EVAN:

(bromeando con tono sarcástico)

Oye, al fin y al cabo, todos tenemos nuestras flaquezas… lujuria, envidia, pereza…

FE:

A este le podrás llamar cualquier cosa, pero envidioso o perezoso, jamás, que llega siempre en punto. ¿Y mujeriego? Menos.

(apuntando a Evan)

Tú eres el mejor ejemplo. ¿A ti alguna vez te tiró los tejos?

EVAN:

No te aseguro yo que le hubiese rechazado. Pero no. A mí, nunca. Con la confianza que teníamos y, aunque estuviese yo también en esos

tiempos fresca y lozana, el muy cabrón, ni siquiera me pidió que posara para él.

FE:

Con la amistad que nos unía a ti y a mí, proba-
blemente no lo hizo, precisamente, por no meterse en esos andurriales.

EVAN:

Dime, Artemisa, ¿qué es lo que más te disgus-
taba entonces y te disgusta ahora, de tu marido?
Si se puede saber.

FE:

Sus días de mal humor. Esos que le pueden llevar a cualquier ser humano, como a Rothko, a
pegarse un tajo en la muñeca derecha, sentado
en la mesa de la cocina. Pero en fin, espero que
no llegue a eso. Aunque ahora, qué sé yo.

EVAN:

Espero que no. ¿Y qué es lo que más te gustaba
y te sigue gustando de él?

FE:

Este chico, el caso es que es un dechado de virtudes, pero los diez o doce peros que tiene son del copón diamantino. ¿Lo que más me gusta?... Su teoría de las tres tes: Trabajo, tiempo y talento, que con teoría ya son cuatro. Pero, en fin...

EVAN:

En la lista histórica de los grandes artistas, que es enorme, ¿tú crees, de corazón, que estará algún día él?

Fe se extraña, se lo piensa, y, con el gesto, le devuelve la pregunta.

FE:

¿Y tú que andas sobrada de creencias y de opiniones, qué crees?

EVAN:

Que no.

A Fe se le transfigura la cara. Cierra los ojos. Suspira hondo.

EVAN:

Si al paso que va, tu perito en lunas sigue traba-
jando con ahínco, pasión y convencimiento
como hasta ahora, el día llegará en que engrose
una lista aún más selectiva y reducida: la de los
grandiosos.

*Fe se derrumba y se echa a llorar desconsolada-
mente.*

FE:

¡¿Cómo coños va a hacer todo eso si yo por no
frenar a tiempo le he dejado ciego?! ¡Ciego!
¡Ciego!

FIN DEL SEGUNDO ACTO

ACTO III
FE CIEGA

14 de Septiembre.

Fe entra, sigilosa, en un estudio de pintor, atiborrado a un lado y vacío al otro. Se quita la chaqueta y la planta sobre una mesa repleta de libros. Poca luz, cortinas echadas. Sobre un caballete, una pieza de 2x1, cubierta con una sábana, tapona parte del espacio visual.

Fe enciende la luz, pasa el dedo por encima de la mesa y, en obvio desacuerdo, remarca el polvo acumulado, le da la vuelta al cuadro que reposa en el caballete y lee el texto impreso en el lienzo.

FE:

(leyendo del lienzo)

«Mi queridísima Fe, de vida:

En mi estado actual, me las he visto y deseado para grabar esto y, a través de la niña y sus habilidades, enviarlo a la imprenta. Espero que esté bien. O por lo menos mejor que con mi desastrosa letra de pata de mosca, como diría mi abuela Bearzotti, y ahora encima, garabateando sin ver.

«Sí. Como todo lo mío, esto ha sido un eterno dislate, una tropelía de hormigas tontas, una trayectoria torcida y una batalla a ciegas desde el mismo día que me trajeron aquí. Por casualidad o por error. Eso ya...

«Puestos a decirlo todo, la energía que me ha guiado desde que era niño se ha traslucido siempre en luces como la tuya. Desde que te conocí, de todo corazón te lo digo, ya entonces, las desventuras eran mis más espesas tinieblas. O mejor dicho, al revés. Las tinieblas eran ya mis más aviesas desventuras.

Lágrimas brotan sobre las mejillas de Fe según continúa leyendo con entereza.

FE:

«Haciendo aguas por los cuatro costados, uno en el personal y dos, en el espiritual, y tres, por qué no, en el colectivo, y cuatro, qué demonios, en el estrictamente actual… Israel, Gaza, Ucrania, Sudán… ¡Seis millones de personas gaseadas en su día! ¡Veinte mil niños, niños, muertos bajo los incesantes bombardeos! 150.000 cadáveres y 630.000 humanos en la hambruna total allá aislados, en el enorme Sudán, lejos de las portadas. Holocausto, genocidio, guerra civil… llámalo como quieras, pero ese es nuestro legado que, por mucho que nos empeñemos, no vamos a lograr borrar para seguir con el fácil tapabocas de esa panoplia llamada 'Paz' —pasa página— aquí no ha pasado nada. No sigo porque se me rompe el alma a cachos. Da asco, da vergüenza, te rijas por tu propia óptica o por la del vecino.

«Dejando a un lado Irán. Soslayando intencionadamente el caótico improperio de los cristianos yanquis del norte y los palmeros del sur, ahí quedan intactos, de tapadillo, Indonesia, los Emiratos, los Saudíes, el Golfo Pérsico en pleno y la beatífica Europa de las Cruzadas, causante de todo esto. En este petrodólar en el que vivimos, tan incierto a todos los efectos, a mis sesenta años, huérfano, aislado y desvalido, juro que antes de tiempo yo ya llegué a pintar ya mi ceguera, mi crisis, mi desolación. Y antes, mucho antes del accidente que tuvimos, del que aquí, a todas luces, te exculpo…»

Secándose las lágrimas, Fe carraspea y sigue leyendo...

FE:

«También me habré inventado el color de mi propio *Puntillismo Onírico*. Ja, ja, ja.

«Gran logro. Puntitos. Ni en la claridad diseminada por el misticismo —quizás por ser tan torpe— lo cierto es que a mí no me llega ya ni el gas.

«Te juro, Fe, que lo único que me mantiene de pie y justifica mi atribulada existencia no es el Arte, con mayúsculas, y menos aún la pintura, es la vergüenza torera y el no querer morder el polvo.

«Fe, mi única musa, mi fuente de apoyo, he de confesarte que yo he mal dado la talla en esa refriega constante por incluirme a codazos en la gran lista de la historia, cuando yo soy tan sólo un don nadie.

«Esta etapa final, cuesta arriba, es más dura de lo que yo pensaba y seguir en la carrera sin esperanza te invita a hundirte y a encontrar refugio fácil en el ombligo del pelotón. Mirándolo bien, a cara de perro, sin esperanza alguna, pero con esa fe ciega que de ti dimana, lo único que sé es que te tengo a ti. Las trampas de la fama, la fortuna y la terrenalidad religiosa, ni bastan, ni sirven. Yo sólo sé que te tengo a ti. A corto plazo, pequeña, pobre. Imperfecta. Mortal.»

Fe se derrumba. No puede más. Tirando de reaños, se esfuerza por terminar de leer.

FE:

>   «P.S. Puestos a saber, yo no sé si ni siquiera he
>   concebido la osadía de soñar con medirlo. Pero
>   lo que sí sé, por lo tangible y el calibre de su
>   obra, es que el tamaño del Eterno es desmedido,
>   excesivo, inconmensurable. Brutal.
>
>   (De ahí, quizás, que seamos los sapiens tan bru-
>   tos.)»

Suena el timbre.

*Fe vuelve a tapar el cuadro, abre y deja la puerta
entornada. Con la caja de Kleenex debajo del
brazo, se marcha al fondo vacío, lejos de los cuadros para ocultar mejor su conmoción.*

Evan entra. A su bola, le habla al vacío.

EVAN:

>   Echando cuentas, yo creo que sólo estuve aquí
>   un par de veces antes de irme. No más. ¿Te
>   acuerdas que estaba entonces comprometida
>   con Lucio y al tuyo no le caía nada bien aquel
>   merluzo?

Fe regresa con los pañuelos en la mano.

FE:

Nunca le gustó que transitase gente por el taller.
Y ahora, como puedes comprender, menos todavía. Si bien, con el aldabonazo del pintor
ciego, los pocos periodistas de raza que quedan
por aquí dando vueltas al cargo de la cosa artística, piensan que han encontrado un buen filón
con entrar a tope en la crónica de sucesos y, al-
guno que otro o que otra, ha propuesto llegarse
hasta aquí, armado con cámaras y micrófonos
para dar testimonio del escarnio. Pero de momento, el pintor invidente no ha dado su luz
verde. Ni siquiera ámbar.

EVAN:

Viciosos. Morbosos. La privacidad de cualquier
persona debería ser sagrada y si se trata de un
artista de esta envergadura, aún más. Pero, que
coño, yo siento que estoy haciendo lo mismo
contigo en este momento. Si quieres me doy
una vuelta y vuelvo luego. O si no otro día.

FE:

Como quieras. Por mí, te puedes quedar.

EVAN:

¡Pero todas estas piezas son nuevas!

(tocando)

Mira, estas huelen aún a limpio. Recién salidas del horno.

FE:

Y tanto. Yo pensé que andaría por ahí, jipando, holgazaneando, como diría él. Y mira, un par de cuadros-textos más y ya tenemos colección nueva.

EVAN:

(apuntando al cuadro tapado sobre el caballete)

¿Empiezo por aquí?

FE:

Mejor empieza más atrás, por los que tienen más solera. Esos ya huelen a veteranos de guerra.

EVAN:

> Todo este trabajo de carboncillo, lápiz, tintas, arañazos… evidentemente lo hizo antes, antes de…

FE:

> Antes… de que yo acelerase y metiese la pata.

Fe se viene abajo de nuevo, pero se recompone a sí misma a renglón seguido.

Evangelina se da cuenta pero lo soslaya, centrándose en la obra que no conocía.

FE:
(continúa)

> Si bien, lo de las frases inscritas en el lienzo lo llevaba barruntando hace años…
> De hecho, formaba ya parte de algunos cuadros, tipo grafiti, escritos por él a mano.
> No de imprenta como ahora.

EVAN:

> ¿Sabes lo que me pide el cuerpo ahora?

FE:

¿Qué?

EVAN:

Escuchar la música que tenía puesta para hacer ocurrencias tan transgresoras como estas que estoy viendo. Tiene que haber sido algo bombástico.

Esto es literatura, pintura, una especie de diario pintarrajeado de antemano, un cuaderno de un niño muy educado que, con todo respeto, llora y se caga en todo...

FE:

Ahí tienes el cacharro de los CD. Su colección de miles de *long plays* la vendió hace tiempo, por razones, ignotas, a, b, c, o d. Este, conociéndole, no habrá cambiado ni el disco. Es capaz de escuchar el mismo hasta diez veces seguidas. Y eso a mí me enerva. Bueno, me solía enervar. Ahora ya...

Evan aprieta el botón de play. Suena la primera estrofa de MINA, con "Se tu non fossi qui".

Música de MINA en el CD:

«*Se tu non fossi qui, povera me, sarei una cosa morta, una candela spenta, una donna inutile…*»

EVAN:

(baja el volumen)

Francamente, no me esperaba oír una canción en italiano.

FE:

«Si no estuvieras aquí, pobre de mí, sería una cosa muerta, una vela extinguida, una mujer inútil».

Seguro que lo tenía puesto cuando creó el monstruito del caballete. Si nuestras abuelas hubiesen regido y usásemos los apellidos maternos, él se apellidaría Bernardo Bearzotti. Qué más quieres que te diga.

Sorprendida, Evan sonríe y sigue husmeando por doquier, entrelazando comentarios en su descubierta entre cuadros, libros, apuntes...

EVAN:

Este tío siempre se las apaña para descolocarme. (...) 1 Adagio. 2 Presagio. 3 Sufragio. Y 4 Naufragio. ¿Qué es este cuarteto? ¿Versos?

FE:

No. Los poemarios son *Haz de luz, Versos vigías, El azaroso mar del Zohar* y *El Pisuerga también pasa por París*... El cuarteto que acabas de citar es su paso adelante, su vuelta atrás. Su tour del mundo. Su propio naufragio. Sus últimos libros de aforismos, publicados en forma de agenda, cada uno en su año. 2024, 25, 26… Con dibujos originales según cada añada.

EVAN:

Y luego incorpora los textos en las pinturas…

FE:

No necesariamente los mismos. Ahora, al no ver, es un proceso diferente.

Tiene que tocar de oído. Primero, graba los textos en un magnetofón que su padre le compró en tiempo inmemorial. Se los pasa a la Sofi y ella se ocupa de mandárselos a la imprenta, de enmarcar los lienzos, todo eso. Antes, él era quien guisaba, les hacía los potitos y le daba de comer a las gemelas y al *dálmata* según trabajaba. Nos libraba a nosotras para ocuparnos de otros menesteres. Aunque luego, a fregar las ollas, una menda.

EVAN:

Nadie es perfecto, que diría Billy Wilder.

Las dos sonríen.

FE:

Que también se quedó ciego... Aquí, el amigo dice que ya ni puede, ni quiere, ni debe ver más. Que ya basta.

*Para no ahondar en el tema de la ceguera, Evan
cambia el rumbo de la conversación.*

EVAN:

¿Nunca cambió de estudio?

FE:

No. Tuvo dos más, pero me dijo que los ven-
diese y lo hice, aunque no estuviese de acuerdo.
Ya sabes que yo no soy muy bien mandada; prefiero ayudar. Y a él tampoco le interesa lo más
mínimo, ni obedecer, ni mandar. Nunca se ha
reunido con colegas para hablar de lo divino y
de lo humano, ni se ha ido de copas.
Este va a su aire, colabora en lo justo y se de-
sentiende de todo lo demás.

EVAN:

Lo que hay aquí, lo que estoy viendo, es una
mina, increíble…

Fe le pasa un libro a Evan.

FE:

> Toma. *A golpes con la teoría*. Echa un vistazo y te lo llevas debajo del brazo a casa si quieres. Es nuevo. No forma parte de sus devaneos poético-teatrales.

EVAN:

> Leo al azar.

(leyendo)

> «¿Agarrar o estar a punto de agarrar una soga y el día menos pensado colgarme ahí mismo de esa viga?...»

FE:

> No sé si será de los que acabe así tarde o temprano, pero sí, el asunto está latente.

EVAN:

(continúa leyendo)

> «Lo que me trae a mal traer es nuestra flagrante e irresoluble tiniebla, la indefectible condición humana. Los líderes políticos, religiosos o inte-

lectuales… y a su vez las masas que, aunque actuemos muy disconformes, como un animal herido, no hacemos más que revolcarnos en el lodazal, patear la luz y, con la envidia cochina, dar rienda suelta a nuestro mayor y más dominante regocijo: Dejarnos ir y en lugar de ser, estar.

«Navegando aquí, en la ceguera, me encuentro, literalmente, en otra dimensión, en otra valoración de este experimento que a veces se siente tan sólo como un ensayo fugaz. Nada más. Estar ciego dará pena, pero a los demás. Para mí está siendo un ejercicio de imaginación. De tanto ser menos, la ceguera puede llegar a ser más, mucho más.

«¿Y la pintura, el mero proceso de pintar?

«Es muy simple. Si la moción se deja fluir y la emoción no se manipula.»

FE:

Llévatelo. No te lo intentes empapuchar. Te lo sigues leyendo en casa.

EVAN:

Sí. Mejor. Te lo juro que según leía, he sentido una especie de envidia irreprimible, una voz interior que me decía, qué suerte tiene esta gente y qué mala pata tengo, y he tenido, yo. Esta pareja es, y lleva siendo, por encima de todo, tan compatible…

En obvio desacuerdo, Fe frunce el ceño y niega con la cabeza de lado a lado. Evan sigue regurgitando, dándole más importancia a sus rancios trasfondos que a la tragedia ajena.

EVAN:
(continúa erre que erre)

Desde mi más tierna infancia no he hecho más que toparme con tíos que, por hache o por be, de ser algo, como el lechuzo del Lucio, el lechuguino aquel, eran unos seres radicalmente opuestos —malos o buenos— a alguien como yo. Habré tenido, contando así a ojo de buen cubero, unas 10 o 12 relaciones que acabaron

todas en agua de borrajas. Aquí en España, por
ahí viajando, en París o en la Conchinchina.

FE:

(cortante)

Él y yo no somos tan compatibles como tú
crees. En absoluto. De ser, somos Opuestos
Complementarios, que no es lo mismo.

EVAN:

¿Y tú crees que el alma y el cuerpo, el cuerpo y
el alma, son elementos compatibles?... ¿O,
como tú dices, opuestos complementarios?

FE:

Lo compatible coexiste sin conflicto. Los
opuestos complementarios, al estar en puntos
divergentes, se equilibran el uno al otro. El
cuerpo y el alma son dos principios pegados por
El Creador con pegamento del malo. Te pongas
como te pongas, esos dos no casan, ni nunca ca-
sarán.

Evan se echa las manos a la cabeza y, alarmada, mira su reloj.

EVAN:

¡Ostras! Se me había olvidado completamente. ¡A las 12 en punto había quedado con Pichurri! Es que también hace siglos que no la veo.

FE:

Corre, vete. Dale recuerdos.

EVAN:

Antes de irme, lo único, recordarte que hoy hay dos grandes eventos en Madrid. La etapa final de la Vuelta, si es que llega, y mi cumpleaños, que ese sí va a llegar seguro. Dile al maestro que se porte y venís todos a casa con la purrela. Oye, para llegar hasta el chalet de Pichurri en Arturo Soria... ¿Cómo demonios salgo de aquí?

FE:

Tira de frente, que si no te metes en la M-30.

EVAN:

No, por favor, que por ahí me lío.

Cambiando completamente de tercio, Evan, pensativa, se da media vuelta, mientras escribe en su móvil.

EVAN:

¿Sabes qué? Imposible, no llego a tiempo. Ahora mismo mando un mensaje y pospongo la cita con ellas. Cuando diste con el concepto clave, lo complementario, que no lo compatible, en ese momento justo, fue cuando me acordé del dentista. Parecía que me habían puesto un cohete en el culo; cuando el fuego que no logro extinguir es el que llevo dentro y alimento sola.

FE:

Como no acabemos de distinguir lo importante de lo que tiene importancia, me parece que vamos mal.

Afirmativamente, Evan cabecea.

EVAN:

Día y noche, desde que nos encontramos el día de tu cumpleaños, sin parar de hablar de arte y del sino de tantos artistas, me llevo replanteando mi propio timonazo, con esta vuelta a España… lo compatible, o no, que es esta profesión y…

FE:

Venga, vuélvete a sentar y desembucha. ¿Has hablado con las galerías que te dije?

EVAN:

Sí.

FE:

¿Y?

EVAN:

Nada de nada.

FE:

¿Qué puedo hacer?

EVAN:

Qué puedo hacer yo, de bien, es lo que me pregunto a diario. No tengo inspiración, ni motivación. Meto la pata a diestra y siniestra. Seguir pintando musarañas, ¿para qué?

FE:

No sientes apoyo y es muy difícil crear de la nada, Evan. Eso es todo.

EVAN:

Eso no es todo, Fe, y tú lo sabes. Me miro en el espejo y me doy cuenta que, como gran parte de lo que veo por ahí expuesto, no tienen, ni tengo yo, nada trascendente que decir.

FE:

Déjate ya de historias Evan.

EVAN:

Que sobro, Fe. Sobramos. Hacemos bulto. Creamos humo la gran mayoría.

FE:

¿Y?

EVAN:

Y no sé. En esta marabunta, lo único que me está llegando claro, nítido, es que faltan periodistas de verdad; no putos *influencers* que no saben dónde tienen la mano derecha… ni tanto borrego que bala y avala sin valer un carajo. Hace falta gente consciente, valiente, que tire abajo el refugio de la mentira. Faltan agentes de artistas, traductores y no traidores, que sepan discernir, que sepan de lo que hablan, que representen aquellos que sí tienen valor y valía. Esos cuatro taraos, que sí, *haberlos haylos*.

FE:

Conciencia, valores y valentía. Buena receta esa.

EVAN:

Por mis huesos, Fe, no aguanto ya ser un miembro más de esta jauría. Estoy harta de esta cacofonía. Honestamente. Estoy llegando a la conclusión, más con el corazón que con la cabeza, que lo mejor que puedo hacer es tomármelo en serio y convertirme en un buen agente de artista plástico, de pintura en concreto, que es lo que estudié, lo que conozco, lo que me conmueve, lo que me va. Lo que es mi vida.

FE:

Pues venga, vale, a mover el culo. Mira Stieglitz, el mejor fotógrafo de su tiempo y se convirtió en el mayor gerente, promotor, impulsor del arte moderno, no sólo para su parienta, la Georgia O'Keefe, sino para todos los artistas europeos que dio a conocer en Nueva York en los años 20 a través de su amistad con Leopold, el hermano de la Gertrude Stein…

EVAN:

Te agradezco tu fe en mí, Fe. Estoy decidida. Me llevaba pensando y sopesando este paso semanas, meses ya. Por no decir años.

FE:

Pues oye, si tan decidida estás, venga Gertrude,

manos a la obra. Puedes empezar ya mismo, aquí y ahora.

EVAN:

¿Lo dices en serio?

FE:

Escucha, yo habré sido buena modelo, he gestionado lo mejor que he podido todo esto, porque a él le dan descargas eléctricas todos estos temas de valorar, vender, discernir las caras de lo que están rechazando o aceptando unos y otros, pero no es lo mío. Me siento de prestado.

EVAN:

Este empujón tuyo significa mucho para mí, tía. ¡Vaya espaldarazo!

FE:

Me alegro. Te creo. No se hable más pues. Aquí tienes, todas las colecciones: *Mujeres en la cruz*, que ya la conoces. La trilogía, que también conoces ya, *Héritage*, con el Museo del

Louvre, Bruselas, la Catedral... *I.N.R.I., Reflejos del Islam*, que junto con *OM, Meditaciones Orientales*, es el cuarteto que conforma UNISON.

EVAN:

Conocer, conocer... ya que estamos aquí a calzón caído, he de admitir que más bien a medias.

FE:

Son 100 obras de fondo para cada una de las cuatro colecciones de UNISON. Imagínate. Ya te las irás insertando en el coco poco a poco, cuadro a cuadro. No te preocupes.

EVAN:

Tela.

Fe:

Está *Ulises, sino y destino*, que esas telas sí que te las conoces; fuiste a Dublín a verlas...

EVAN:

(asintiendo)

Sí, y me hospedó Noelle-Campbell, que fue quien os invitó a pasar esa temporada en Killarney para que pusiese de pie las 24 grandes piezas en torno al *Ulises* de James Joyce.

FE:

Efectivamente. La cosa empezó con el *Ulises* de Joyce pero él se remontó a la fuente original, al aedo. Homero le metió de cabeza a repensarse su propia odisea, su eterno deambular, su obsesiva búsqueda y su fiebre por reencontrar su pertenencia, su Ítaca…

EVAN:

Y tú, Penélope, de tus paseos por ahí por el mundo, ¿con qué te quedarías?

FE:

¿Llamarme a mí Penélope? Si yo me quedo con lo poco que soy, la paleta de Madrid.

EVAN:

Jajajaja… Hablando de paletas, los colores de la colección de *Ulises*, me fascinaron. Flipé con los cobaltos en las siluetas de Calypso, el cadmio y bermellón de Nausica, el juego marítimo de verdes y azules que saca a flote la cautivadora y brujeril Circe. Hasta el minimalismo con el que trata a la tan cacareada andaluza-gibraltareña, Molly Bloom. Puff.

FE:

Nos alegramos, los dos, muchísimo, cuando volaste a Dublín a ver esa muestra.

EVAN:

¡Y yo! Esa colección me suliveya hasta los adentros.

FE:

La que ni tú ni nadie conoce…

EVAN:

Hasta ahora…

FE:

Hasta ahora… es, *Visión 20/20*. La tienes ahí, a tu izquierda.

EVAN:

¿De qué va?

FE:

Esa surgió un año y pico antes de la Pandemia, cuando estuvimos en la Isla de Pascua. Vio los cabezones en directo, y ahí ya se volvió a meter en camisas de once varas por enésima vez. Otro salto al vacío. Se olvidó del cuerpo y pintó grandes cabezas, estilo graffiti, en las que se pasea por todo lo que los cabezones llevamos dentro: Los 7 pecados capitales, el Próximo Oriente, el Ego más Freudiano y hasta las consideraciones de Jung; los alienígenas, los robots... Es como si rompiese el cerebro humano en cubos no cubistas, que hacen del *2020* una visión rota y lacerante de lo que fue, de lo que nunca fue, y de lo que sigue sin ser... Algo abortado, patéticamente hiriente.

EVAN:

Puff. *Mind boggling* que dirían los de New York.

FE:

¿Y aquí en el Foro?

EVAN:

No sé. ¿Rompe cocos?

FE:

En fin, que aquí hay mucho curro, colega.

EVAN:

Yo seguí sus grandes exposiciones pero cuando dejó de exhibir, yo me perdí.

FE:

¿Tú sola? Este ha perdido más gente en el camino que paraguas en otoño.

EVAN:

Aquí hay mucha tierra fértil que arar. Pero no conozco los trasfondos de su obra lo suficientemente bien como para representarla y hacerle justicia. Sería como lanzarme en pelotas a una piscina llena de cocodrilos. Me tienes que dar más guías para poder desmenuzar y entrelazar los denominadores comunes, para ver cómo se van ligando, religando, interaccionando las colecciones…

FE:

¿No prefieres ir por partes?

EVAN:

No. Prefiero hacerme un esquema claro a priori, concebir el todo para ponerme al servicio intrínseco de la obra, de su contenido, al margen de las líneas políticas o comerciales que dicten las partes aquí o allá. Con qué escudo voy a defender la obra, con qué ánima voy a deglutir los cincuenta mil revolcones…

FE:

Ya. Para empezar, se me ocurre darte una lista, que te la puedo hacer ahora mismo, con extractos de citas que mejor han dado con la quintaesencia de la obra. Y de ahí, puedes tú ya hacerte con las herramientas necesarias para crear una especie de decálogo, guion, catálogo… antorchas de las que puedas extraer el fuego que conduzca a otros, como a ti, de hoguera en hoguera.

EVAN:

Mientras no me queme, o no te queme, vamos bien.(A la par, comparten sonrisas.)

FE:

Chamuscadas, pero bien. Bien chamuscadas.

Fe busca un libro y lee del mismo.

FE:

A ver, empiezo por leerte un extracto de lo que escribió el ex-Ministro de Educación y Cultura de la República Francesa, Monsieur Jack Lang:

(leyendo)

«El artista nos propone, en cada obra visual, una banda sonora que nos transporta al corazón de la historia artística, intelectual y científica de nuestro tiempo… Su obra es uno de los más bellos homenajes a la humanidad y a la creación.»

EVAN:

¡Joder! Esto es la hostia.

Evan sirve un vaso de agua para cada una. Las dos beben.

FE:

Sigo con el Maître Priseur de la Ville de Paris, Cornette de St-Cyr:

(leyendo)

«Los artistas son la luz del mundo; son nuestros guías, tanto espirituales como sabios, son la dignidad de la humanidad. La luz en el arte, como nos muestra este artista, nos guiará hacia la inteligencia.»

EVAN:

Menos mal que está publicado, firmado y rubri-cado, que si no…

FE:

Por rematar la primera triada francesa, te leo parte de lo que escribió la curadora del Museo

del Louvre, Madame Lizzie Boubli, en su reco-
mendación:

(leyendo)

«Estas son unas competencias técnicas verda-
deramente excelentes. Gran dominio visual e
innegable elocuencia poética. Obra que reco-
miendo muy favorablemente considerando la
inteligencia y sensibilidad que demuestra tanto
la obra como el artista.»

EVAN:

Amén.

FE:

Cuando lo leas, te va a interesar también la teoría que postula tu vecino del Village, Alfred
Gottschalk, profesor y fundador del H.U.C.,
cuando define la obra como "pintura parapsicológica" dada la forma en que el artista extrae la
esencia y representa el alma de la persona a la
que dedica cada cuadro.

EVAN:

¿Por ejemplo?

FE:

Baruch Spinoza, el pavo real del Panteísmo.

Con la mano, Evan gesticula un inequívoco stop, dirige sus dedos a las sienes, cierra los ojos y suspira alto.

EVAN:

Es cierto que las grandes exposiciones han sido en París, New York... con lo cual, me parece fenomenal que me cuentes todo eso para callar bocas. Pero luego, también lo que han escrito gente aquí, y no únicamente en Madrid, sino en Valladolid, Málaga, Londres, Berlín, Bruselas...

FE:

Vale. Ya seguimos otro día.

EVAN:

Deglutiendo todo lo que estoy oyendo, me está

entrando un hormiguillo por los adentros, que te cagas… con perdón.

(resoplando)

Y un sopor. ¿No tienes un abanico por ahí?

FE:

Escondido en algún sitio por ahí, sí. Te lo busco.

EVAN:

Sí por favor.

Fe se aleja mientras Evan se airea pechuga y sobacos con la mano.

El teléfono de Fe suena.

FE:

Contesta tú, Evan, que esa es Sofía.

EVAN:

(al teléfono)

Hola Sofía. Soy Evan. Dime, que tu madre me está buscando un abanico para la menopausia que me acaba de sacudir con eso de la pintura parapsicológica de tu padre. Qué monstruo es el Bernardo Bearzotti este.

(...)

Vale se lo digo. Pero vosotros estaos al loro. Mira que en Bilbao ya hubo problemas, y en Valladolid también, que lo vi yo (...) Vale, vale. Besos.

Evan termina de hablar por teléfono y corta. Fe vuelve con el abanico.

EVAN

Que dice que están cumpliendo con una promesa paterno-filial que tenían ahí pendiente desde que ella era niña.

FE:

Sí, lo de llevarla a ver la etapa final de la Vuelta a España.

EVAN:

Pero estando la cosa como está con las manifestaciones a favor de Palestina, ya les he dicho que ojo al parche.

FE:

No sé cómo se le ocurre a este chalao. Después de tantos años, llevarla ahora.

EVAN:

(bajito)

¿No pensará que igual no está aquí el año que viene para cumplir su promesa?

FE:

Bueno, no hagamos más conjeturas idiotas. La Sofi se ha vuelto muy responsable y va con pies de plomo por la vida ahora.

(a sí misma)

Está en buenas manos.

EVAN:

Ah, también me ha dicho la Sofi que te dijera que ha dejado a las niñas aviadas con su abuela paterna.

FE:

Estupendo.

EVAN:

¿Volvemos a centrarnos en lo nuestro, o qué?

FE:

Pues yo te diría que al margen de lo que digan los expertos, mejor lee tú lo mucho que lleva escrito él de su propio puño y letra, desde que era un chaval y publicaba en aquel *Norte de Castilla* de Miguel Delibes… es la mejor forma de atrapar lo que estás buscando.

EVAN:

Tienes razón. Pásame todo lo que tengas de publicaciones y viejos recortes, aunque estén ya amarillos y te parezca material de poca monta.

FE:

¿Tú crees? ¿También lo que escribió para *Cambio 16*, sobre la muerte de John Lennon… y en la mítica revista *Triunfo* sobre música…? Ese sí que fue, y sigue siendo, su gran amor.

EVAN:

¿No dicen que el escritor escribe siempre de sí mismo?

FE:

De sí mismo, de su alter-ego y hasta de su portera si me apuras.

Se ríen las dos.

EVAN:

Estaba ahora viendo en mi cabeza la colección *OM,*

(con índices y pulgares juntos en posición meditativa)

Meditaciones Orientales.

¿Tú dirías que el puntillista es un hombre religioso? Yo no. Yo diría que es un hombre puntillosamente ético por encima de todo.

FE:

«Mi ética es mi estética.» Religioso en el sen

tido ritualista, o dogmático, jamás. Espiritual en el sentido del re-ligar, del *religo–religare* latino, sí; en todo momento. Es un tipo guiado por las etimologías de las palabras, siempre con ese anhelo por conectar, por volver a la esencia, queriendo llegar al trasfondo, ver más allá, y encontrar la luz tras las tinieblas que le acosan —desde mucho antes del accidente de Ponferrada—. Yo te diría que hasta cabezota en su intento de proyectar un haz de luz que ilumine puntualmente el más allá.

EVAN:

Eso está más que demostrado, en todo lo que pinta sale esa vena espiritual, ese lirismo, esa poesía.

FE:

Lirismo abstracto, fue como etiquetó su pintura en París Chantal Topaloff.

EVAN:

¿Y políticamente, dónde lo situarías tú?

Fe abre y lee del libro Adagio *y de una hoja do-blada dentro del mismo.*

FE:

«Comunistas y Comuneros deberían haber sa-bido que el sentido común sigue siendo el me-nos común de los sentidos.»

(leyendo de la hoja adjunta)

«He ahí mi frustración con la sociedad, con la manipulación del poder y la ceguera de las ma-sas. La ofuscación de vivir siempre en casa del contrario me mata. El Capitalismo que nos quita la comida y el Gran Capital que nos perturba el alma.»

EVAN:

Es alucinante que con esos pensamientos y esas rebabas de fondo, se embarque cada dos por tres en causas humanizantes con colecciones como *Mujeres en la Cruz*, con lo que pone en la solapa del libro que tengo yo: «Si Dios existe, es mu-jer… y negra».

FE:

> Te digo por qué lo hace. Porque está conven-
> cido de que con muy poquito que hagamos bien,
> o menos mal, seríamos capaces, los humanos de
> a pie, de llegar a tocarle la puerta a las estrellas.
> Eso es lo que le motiva a encararlo abierta-
> mente, a denunciarlo, plasmarlo en un lienzo o
> en una página en blanco. Te voy a pasar la gra-
> bación de lo que argumentó Fabio Gantes hace
> pocos meses, en una presentación en el Museo
> Thyssen-Bornemisza. Literalmente repitió que
> había que rever sus cuadros y releer varias ve-
> ces sus libros porque la suya era una obra capaz
> de hacerte mejor persona.

EVAN:

> Casi nada. Pero eso me parece a mí que, lamen-
> tablemente, nos interesa muy poco a los demás.
> Todos queremos ser más listos, más altos, más
> ricos, más guapos, más aceptados… no necesa-
> riamente mejores personas. ¡Y qué hostias, ahí
> está la clave de todo este entuerto!

FE:

Ver que año tras año, siglo tras siglo, milenio
tras milenio, seguimos igual, que no se mejora.
Es eso, la injusticia, la maldad, las oportunida-
des perdidas, todos, con respecto al todo, lo que
le hace a él huir del mundo, esconderse,
rehuirlo.

*Según Fe habla, Evan ojea el libro de aforismos y
lee:*

EVAN:

«El progreso no trae consigo, necesariamente,
la evolución».

FE:

«Creer para crear. Crear para creer.»

EVAN:

Creer para crear. Si lo piensas, es como únicamente se puede entender cómo logra el Bearzotti plasmar de una forma tan emotiva, tan estética, temáticas tan horrendas como la violación, el Holocausto y demás y demás…

FE:

«Las Migraciones mortales: Joyas humanas bajo el Mediterráneo», sobre las tumbas que se quedan en el fondo del mar, o «Flores de sangre en el Desierto de Sonora»… son acuarelas pequeñas pero de una belleza punzante, que te embelesan y apuñalan a la vez, te acarician y te hieren, todo en un mismo instante, según las observas, en su minuciosa pequeñez. Anota bien eso porque son papeles pequeños, más económicos. Te pueden valer para romper aguas.

EVAN:

El tío es un manantial.

FE:

Bien lo decía su padre, que en eso sí acertó.

EVAN:

Unos tanto y otros tan poco.

FE:

«En este tiempo de descuento, vivimos todos del recuelo, obviando hasta el recuerdo.»

EVAN:

¿En qué página está eso? ¿En *Adagio, Presagio*?

FE:

Al final del *Naufragio*.

EVAN:

Venga. Antes de que nos pille el naufragio final, hablemos de precios. Precios de partida. Precios de tanteo o precios de aspiración aquí y ahora.

FE:

Si te digo que no sé, es que no sé. Ni me interesa saber. Conmigo, para eso, no cuentes. Con la galería tampoco, porque te querrá quitar del medio. Lo mejor es que lo trates con Sofía. Aunque la muy necia dejó colgado el bachillerato de Ciencias —con excelentes notas, dicho sea de paso— tiene tremendo coco para los números, las evaluaciones y la compra-venta en general. Lo que pasa es que ella, niñas al margen, está en otro mundo, como siempre le dijo su padre: *Tú subsistes del aire.*

EVAN:

Os entiendo a las dos. Yo tenía contactos gordos, gordísimos, pero me faltó talento con el pincel en la mano y convicción para creerme el rollo.

FE:

Pff. Todos tenemos nuestros traumas, nuestros rollos, buenos y malos. Yo le decía a él, vamos a hablar con este o con el otro. Pero siempre denostaba, uno a uno, todos mis contactos. Aunque fuesen *peccata minuta*. El que no era un gilipollas era un facha. Dinero viejo, niñatas, posturismo, arribistas, mangantes, pedorros. Nada ni nadie le parecía bien en su pesimismo visceral al que yo llamaba idiotez purista.

EVAN:

Qué difícil lo pone. Como siga así, el día menos pensado, deja de darte sustos el buen caballero y se lo lleva La Parca de un solo soplo.

FE:

Aquí estamos todos de prestado. Tú, si de una vez por todas te centras, te animas, crees en ti misma y te dejas de tanta zarandaja con Evangelina, Marcelina, Lina Morgan, qué más da... tú mejor que nadie le puedes dar la vuelta a la tortilla y acertar con la llave del triunfo terrenal y las del cofre secreto de los cielos.

Evan pone cara de duda.

FE:

Tía, eres una niña bien, de pasta, educada, teórica, con voz de mando, convincente, con agallas, y encima con sex appeal. Agárrate a eso y manda el resto a hacer puñetas. Deja que tu oportunismo de natura salga a flor de piel. No en vano, escarbando, tú eres la nieta de un sargento chusquero que formó parte del golpe fascista del 36. Y el mío, un maestro de escuela, defenestrado por el mismo.

EVAN:

Vale, entonces para que esta mujer de poca fe en sí misma que soy yo, se entere de una vez, hablaré de estrategia con tu hija, que para eso se llama So-fía y se puede uno fiar de ella. Listo. Voy a por ello. Y esta vez, te juro que no se me va a escapar.

Vuelve a sonar el teléfono de Fe con el mismo soniquete de antes.

FIN DEL TERCER ACTO

ESTRAMBOTE

El móvil de Fe sigue sonando. Evan se pone de pie para partir a la par que Fe contesta el teléfono.

EVAN:

Ahora sí que te dejo. Me piro.

FE:

Espera, un segundito, que es Sofía y así ya quedamos con ella.

(al teléfono)

Dime hija…

Un silencio sepulcral se apodera de Fe. Evan aguarda al ver la cara despavorida de su amiga.

FE:

(al teléfono)

¡¿Qué le ha pasao a las niñas?! (...) Salgo para allá ahora mismo (…) Vale, vale. Respiro (...)

Oído. Estoy tranquila (…) Que sí. Entiendo. No me muevo de aquí.

Espero tu llamada confirmando (…) Hasta ahora.

Fe aparta el teléfono, se sujeta la cabeza y respira hondo. Evan le pone la mano en el hombro y se vuelve a sentar a su lado.

FE:

No acabo de aceptar ser yo quien ha estado a punto de cargármelo dos veces ya. Primero con el accidente y ahora por estarle empujando a que ande, se mueva, que haga "vida normal".

EVAN:

¿Me cuentas qué ha pasado?

FE:

Cruzando la Calle de Alcalá, un Mercedes que venía a toda leche, enarbolando dos o tres banderas, festejando el éxito de la manifestación que ha logrado cortar la etapa final de La Vuelta, vendría seguramente acuciado por la poli y se saltó el semáforo. Total, que se llevó de calle el bastón y casi a su portador; con la gran suerte de que Sofía reaccionó a tiempo, le sujetó y evitó lo peor. Pero el coscorrón no se lo quita nadie.

EVAN:
(preocupada)
    ¿Dónde están?

FE:
    Se lo llevó la ambulancia al Marañón, parece ser que con un dolor agudo en la cadera y tremendo chichón en la cabeza. Están mirándole a fondo.

Por una vez, Evangelina se queda callada como una fosa. Al cabo de unos segundos, se pone de pie y reacciona como un volcán.

EVAN:
    Este gato grande tiene siete vidas. Es un león que tiene todavía mucho que dar, que decir, que sufrir, que rugir, que bramar, que pintar, que

exponer, que exhibir, que firmar, que negar y que afirmar… Antes de que lleguen los buitres a repartirse las migajas, hay que dar tiempo a que las hienas, como yo, pongan la mesa… con sus servilletas de gala, sus platos de papel y su debido mantel bien bordado.

Sin más, Evan se va.

Fe se dirige al diván, se desviste y, silenciosamente, se dispone a posar.

Unos azules nebulosos le dan un matiz surrealista a la escena.

A los pocos segundos entra EL PINTOR, con gafas oscuras, bastón colorido, sombrero vangoguiano, y barba larga a lo Camille Pissarro. Se sienta en su sitio frente al caballete y comienza a bosquejar un lienzo en blanco.

FE:
Como podrás ver, me he puesto con el cuello girado hacia la ventana, hacia la luz. Si quieres, me suelto el pelo. Tú verás.

La falta de respuesta del pintor es notable. A mano alzada sobre el lienzo, le sobreviene un silente ataque cardíaco que acaba indefectiblemente con él.

Suavemente, suenan Pekenikes con "Cerca de las estrellas": «Buscaré otro mundo lejos del sol, en las estrellas… Un lugar donde siempre brille la luz, en las tinieblas».

FIN

Dos modelos sin pintor

se acabó de imprimir en
noviembre de 2025 en Madrid,
y se hizo una tirada
de 50 ejemplares
numerados

39